Empuja y hala
Pushes And Pulls

CONSTRUCTION FORCES

Patty Whitehouse

Rourke
Publishing LLC
Vero Beach, Florida 32964

www.rourkepublishing.com

PHOTO CREDITS: © David and Patricia Armentrout: pages 4, 5, 6, 11, 13, 16, 20, 21; © PIR: pages 7, 10, 14, 18, 19; © constructionphotographs.com: pages 8, 9, 17; © Daniel Hyams: page 15; © Craig Lopetz: page 12

Editor: Robert Stengard-Olliges

Cover and interior design by Nicola Stratford

Library of Congress Cataloging-in-Publication Data

Whitehouse, Patricia, 1958-
  [Pushes and pulls. Spanish]
  Maquinas que empujar y halan / Patty Whitehouse.
     p. cm. -- (Brigada de construcción)
  ISBN 1-60044-278-1
  1. Conveying machinery--Juvenile literature. 2. Force and
energy--Juvenile literature. 3. Building sites--Juvenile literature.
  I. Title.
   TJ1385.W4818 2007
   531'.6--dc22
                              2006028341

Printed in the USA

CG/CG

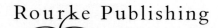

www.rourkepublishing.com – sales@rourkepublishing.com
Post Office Box 3328, Vero Beach, FL 32964

Tabla de contenido / Table of Contents

Local de construcción
Construction Site

Personas y **máquinas** trabajan aquí. Es un **local de construcción.**

People and **machines** work here. It is a **construction site**.

4

Para hacer trabajos, las personas y las máquinas usan cosas que empujan y halan.

The people and machines use pushes and pulls to get work done.

Empujar y halar
Pushing and Pulling

Algunos trabajadores empujan cosas cuando trabajan. Este trabajador empuja nieve para quitarla del camino.

Some workers push things when they work. This worker pushes snow out of the way.

Algunos trabajadores halan cosas cuando trabajan. Este trabajador hala una **llana** en el concreto.

Some workers pull things when they work. This worker pulls a **trowel** on concrete.

7

¿Qué es fuerza?
What is Force?

Cuando algo se mueve, usa **fuerza**. Una fuerza es el empujar o el halar.

When something moves, it uses **force**. A force is a push or a pull.

Trabajadores, **herramientas** y camiones empujan y halan cosas. Usan fuerza cuando trabajan.

Workers, **tools**, and trucks push and pull things. They use force when they work.

Herramientas que empujan
Tools That Push

Una pala es una herramienta que empuja. Los trabajadores empujan la pala debajo de la tierra para removerla.

A shovel is a pushing tool. Workers push it under the dirt to get dirt out of the way.

Un martillo es una herramienta que empuja. Usa fuerza para empujar el clavo dentro de la madera.

A hammer is a pushing tool. It uses force to push the nail into the wood.

Máquinas que empujan
Machines That Push

Los taladros se mueven hacia arriba y hacia abajo muy rápidamente. Empujan el concreto para romperlo.

Jackhammers move up and down very quickly. They push on concrete to break it up.

Una grapadora eléctrica usa mucha fuerza. Empuja grapas en madera.

A construction stapler uses a lot of force. It pushes staples into wood.

13

Máquinas grandes que empujan
Big Machines That Push

Una niveladora usa una **pala mecánica.** Usa mucha fuerza para empujar mucha tierra.

A bulldozer uses a **scoop**. It uses a lot of force to push a lot of dirt.

Una bola de demolición está en la parte de abajo de un cable. Usa mucha fuerza para derribar el edificio.

A wrecking ball is at the bottom of a cable. It uses a lot of force to push down the building.

Herramientas que halan
Tools That Pull

Un extremo del martillo es una tenaza o uña. Hala o saca clavos de madera.

One end of a hammer is a claw. It pulls nails out of wood.

16

Cinta de Acero
Fish Tape

Los **electricistas** trabajan con cables. Halan cables a través de paredes con una cinta de acero.

Electricians work with wire. They pull wires through the walls with a fish tape.

Máquinas que halan
Machines That Pull

Una polea y un cable de acero, en esta grúa, pueden halar cargas pesadas.

A pulley and steel cable on this crane can pull up heavy loads.

El aire puede hacer una fuerza bien fuerte, que hala. El aire en esta **aspiradora** hala tierra adentro de la manguera.

Air can make a strong pulling force. Air in the shop **vacuum** pulls dirt into the hose.

Máquinas grandes que halan
Big Machines That Pull

Una excavadora usa una pala mecánica bien grande. Hala o saca tierra del suelo.

An excavator uses a big scoop. It pulls dirt out of the ground.

Gancho
Hitch

El gancho está en la parte de atrás del camión. El camión hala un vehiculo de remolque que se conecta al gancho.

The hitch is on the back of the truck. The truck pulls a trailer that hooks to the hitch.

¡Inténtalo!
Try It!

Tú también puedes empujar y halar. Coloca una carga en un vagón. Usa el mango para halarlo, o empújalo por atrás.

You can push and pull, too. Put a load in a wagon. Use the handle to pull it. Or push the wagon in the back.

GLOSARIO / GLOSSARY

local de construcción: lugar donde albañiles construyen algo
construction site (kuhn STRUHKT shun SITE): a place where workers
  build

electricista: persona que su trabajo trata con la electricidad
electrician (i lek TRISH uhn): worker whose job deals with electricity

fuerza: el empujar o el halar
force (FORSS): a push or a pull

máquina: algo que usa energía y ayuda a las personas a trabajar
machine (muh SHEEN): something that uses energy to help people work

pala mecánica: la pala de una niveladora o de una retroexcavadora
scoop (SKOOP): the shovel part of a bulldozer or back hoe

herramienta: algo que se usa para hacer trabajo
tool (TOOL): something used to do work

llana: herramienta que se usa para alisar concreto
trowel (TROU uhl): tool used to smooth concrete

aspiradora: máquina que usa el aire en movimiento, para limpiar
vacuum (VAK yoom): machine that uses moving air to clean

ÍNDICE / INDEX

OTROS LIBROS SOBRE EL TEMA / FURTHER READING

Kilby, Don. *At a Construction Site.* Kids Can Press, 2003.
Olson, K. C. *Construction Countdown.* Henry Holt, 2004.
Twist, Clint. *Force and Motion.* Bearport Publishing, 2005.

PÁGINAS WEB RECOMENDADAS / WEBSITES TO VISIT

http://www.bbc.co.uk/schools/scienceclips/ages/5_6/pushes_pulls.shtml
http://science.howstuffworks.com/engineering-channel.htm
http://www.bobthebuilder.com/usa/index.html

NOTAS SOBRE EL AUTOR / ABOUT THE AUTHOR

Patty Whitehouse has been a teacher for 17 years. She is currently a Lead Science teacher in Chicago, where she lives with her husband and two teenage children. She is the author of more than 100 books about science for children.